Wie
stirbt die Welt –
und wie entkommen wir?

„Copyright Reinhart Heißler"

Reinhart Heißler
–
Wie stirbt die Welt – und wie entkommen wir?

Das Gewürz des Todes

„Ein paar Körner mehr!", sagte der bärtige Händler in dem goldenen Gewand.

Die silber-glänzende Waagschale senkte sich. Man konnte sehen, das war eine Qualitätswaage. Die Strukturen weit auslandend, der Griff millimetergenau. Außerdem war sie spiegelfein poliert. In einem Reichenhaus des Luxusviertels würde man keine bessere finden. Der Reeder griff in einen feinen, beigen Leinensack und ließ eine Hand weißer Kristallkörner wie Wasser auf die Waagschale rieseln.

„Stopp das reicht!", sagte der Bärtige. Er legte einen glänzenden Klumpen auf die andere Seite. "Jetzt ist sie ausgewogen!"

Salz wurde mit Gold aufgewogen. Es war nicht nur ein Geschmackmittel, sondern auch ein medizinisches Luxusgut. Könige und Staaten hatten Salz. Kriege fanden um das wertvolle Gewürz statt. Millionen sind gestorben. Keiner hatte Salz.

Teil 2/1 – Die Privatisierung des Risikos

Jeder warnt heutzutage vor irgendetwas. Sei es über das Aussterben bestimmter Tierarten. Sei es der globale Wandel. Andere warnen über den Einfluss von Smartphones auf Kinder.

Wieder andere über die Mischung zwischen Backpulver und Zitrusfrüchten. Weitere warnen über nukleare Kriege – oder Sonnenwinde.

„Die Luftverschmutzung trägt generell zum globalen Wandel bei!“

„Die Atomversuche von Iran könnten zu einem Krieg führen!“

„Es könnte einen Jahrhundert-Sonnenwind geben, und danach kommt bald die Apokalypse!“

Warnen ist eine Volkskrankheit. Oder gar ein Sport.
Wir leben in einer Zeit der Vorsicht. Doch Warnen stumpft ab. Jeden Tag hört man Warnung, irgendeine von irgendwoher. Vorsicht ist zwar gut. Doch Getan wird nur etwas von Philanthropen und guten Regierungen. Davon gibt es nur wenige.

Von der Kunst des Warnens – Was heiß wird

Wenn wir warnen, sollten wir richtig warnen – und der Autor nimmt sich da keinesfalls aus. Die Menschheit darf nicht kurzsichtig sein.
Sie braucht eine Brille, die über mehrere Generationen sehen kann und nicht nur eine Gefahr im Blick halten kann.
Dabei sind nicht nur die Zahlen der rohen Statistiken der Gegenwart von Bedeutung. Auch Schätzungen sind wichtig, die weit in die Zukunft hinein warnen! Auch wenn sie nur ein Schuss ins Blaue sind...

Wie sollte man also warnen?

Viele Weltverbesserer oder Umweltschützer weisen auf nur ein Problem hin – „Rettet die Hunde!", „Rettet den brasilianischen Regenwald!". Oft ist es auch das Problem, das sie sich zur persönlichen Lebensaufgabe erkoren haben. Es gibt viele einzelne wissenschaftliche Untersuchungen. Doch man sollte nicht nur über ein bestimmtes Problem warnen, auch nicht über alle zusammen, sondern nur die allerwichtigsten Bedrohungen betonen.

Nur über den Klimaschutz zu reden und dessen Probleme zu lösen, wie die Menschen es heutzutage immer mehr tun, ist Blödsinn. Klar, es ist sehr wichtig. Es gibt aber – mit Verlaub – größere Gefahren. Ja – es sind Gefahren, die schon gewachsen sind, bevor das Thema Klima aufgekommen ist. Und diese können auch nicht nur durch Umweltschutz gelöst werden. Es gibt neben dem Umweltschutz viele wichtige Fragen.

Was sind also wichtige Fragen?

Z.B. „Wie verhindern wir die Herstellung biologischer Kampfstoffe, die große Teile der Menschheit ausrotten könnten?" „Wie stellen wir neue Antibiotika her?" „Wie retten wir Mensch, Biene, Eiskappen und wie machen wir die emissionsstärksten Länder zu Senkern? Und was tun wir, wenn wir das Sterben der Welt nicht mehr verhindern können?" Oder „Was tun wir dagegen, dass ein Komet aufschlägt?"
Was sind die wichtigsten Bedrohungen von allen? Man könnte präzise die wichtigsten Übel auf eine Bestimmtefrage auflisten, zum Beispiel:

„Wie stirbt die Menschenwelt?"

Dass die Menschenwelt stirbt scheint beschlossene Sache. Es gibt keinen richtigen Kongress für diese Frage, und auch nicht für das Warnen selbst. Wann die Menschheit sterben wird, weiß keiner. Ob in den nächsten zehn Jahren oder tausend Mal so viel Jahren...

Die Erde wehrt sich bereits. Sie begeht Notwehr und möchte den Menschen auslöschen, indem sie wärmer wird. Der Mensch ist ein Fremdkörper. Er ist ein Stück Kohle in den Händen der Welt. Doch die Erwärmung und die damit einhergehenden Probleme sind zu langsam, als dass die Menschheit plötzlich stirbt. Nein! Die Menschheit wird höchstwahrscheinlich nicht durch Wärme zerstört werden. Sondern durch Hitze, große Hitze.

Vielen Unternehmungen ist das „Warum" nicht klar. Vergiss die übertriebenen Warnungen über die Verselbständigung von Computern(K.I.), die manche Unternehmungen geben. Vergiss die Warnung über bestimmte Abgaswerte in unwichtigen Ländern. Unkontrollierbarkeit von Technologie durch Regierungen – und von Menschen durch Regierungen – wird diese Welt zerstören. Wahrscheinlich wird sie durch eine privatgebaute Atombombe ausgelöscht, wenn wir nichts unternehmen. Die Menschheit wird durch den Mensch selbst vernichtet – nicht durch die Natur oder langsame Umweltprozesse. Wenn Menschen mit einem Augenschlag Nuklearwaffen zünden können, ist es sowieso zu spät.

Hauptgrund – wie die Menschheit letztendlich zerstört werden könnte (*Prozentzahlen geschätzt 2019 ohne wissenschaftliche Daten – und das hat einen ganz besonderen Grund):

Durch...

0,005 % Die terrestrische Zukunft

Die Rotationsgeschwindigkeit der Erde verändert sich, die Sonne wird immer heller, stirbt und nimmt die Erde mit sich. Änderungen wie diese sind nicht relevant. Sie liegen sehr weit in der Zukunft.

0,05 % Religionskriege

Dass Religionskriege die Menschheit vernichten, ist relativ unwahrscheinlich. Andererseits hilft angesichts der größeren Gefahren vielleicht wirklich nur Gottvertrauen, dass der Mensch sich nicht selbst vernichtet.

0,1 % eine neue Kälteperiode

0,5% Ressourcenknappheit

Ressourcenknappheit könnte die Wirtschaft der Welt zum Einsturz bringen, ein politischer Kollaps wäre die Folge und es könnten Hungersnöte auftreten. Nicht die gesamte Menschheit würde dadurch sterben. Die Industrieländer müssen umdenken, um ein Massensterben zu verhindern.

1 % Gefahren aus dem Weltall

Zu Gefahren aus dem Weltall gehören z.B. Dinosaurier-Meteoriten, Strahlen von Supernovae, eine Änderung der Mondbahn, eine massige Sonneneruption und dergleichen. Wenn diese Gefahren nicht verhindert werden, kann das für die Erdlinge die Vernichtung bedeuten. Mindestens bedeutet sie aber eine vorübergehende Einschränkung der Lebensqualität. Dass die Erde in ein schwarzes Loch gezogen wird und dabei so groß wie eine Murmel wird, gilt jedoch als höchst unwahrscheinlich. Wahrscheinlicher ist da schon, dass die Menschheit durch die Umkehrung des Magnetfelds der Erde einer hohen Strahlenbelastung ausgesetzt wird.

Viele vergessen, dass die Existenz der Menschheit ein Wunder ist. Für unser Leben musste so viel zusammenkommen: Der richtige Abstand zur Sonne, Schutz vor den Sonnenwinden durchs Magnetfeld, das Aussterben der Dinosaurier u. v. m. Der Mensch lebt erst seit Kurzem. Leben aber gibt es schon viel länger.

Falls die Menschheit zugrunde geht, wird es Leben wohl auch länger als den Menschen geben.

Dieser Hauptgrund ist noch nicht ausreichend erforscht.

2% ein fehlgeschlagenes technologisches Experiment
Unkontrollierbarkeit von neuen technologischen Experimenten, z.B. von neuen Reaktoren oder Beschleunigern der Teilchenforschung, Herstellung Schwarzer Löcher, Unfälle mit unerforschter Materie oder chemische Reaktionen etc.

5% Bakterien oder Viren (natürlich entstanden)
Auslöser könnten natürlich verursachte Krankheits-Epidemien sein, die zu Massensterben führen. Durch konzentrierte Wohnsituation oder Überbevölkerung könnte die Epidemie auch noch begünstigt werden. Dass die Weltbevölkerung jedoch immer steigen wird, ist jedoch alles andere als sicher. Es gibt auch neue Theorien – mit der Prämisse, dass das Wachstum der Bevölkerung mit der niedrigeren Geburtenrate früher als erwartet stagnieren wird und rückläufig wird – . Zusätzlich muss man sagen, dass die Entwicklung von Impfstoffen heutzutage sehr schnell vonstatten geht, medizinisch gesehen, aber nicht muss. Eine der größten Bedrohungen der Menschheit sind jedoch nicht-natürlich entstandene Erreger.

6 % Folgen von Klimaveränderung & Umweltkatastrophen
Vielleicht fragen Sie sich jetzt entsetzt, warum Umweltprobleme nicht mehr Prozent bekommt. Nun, durch die

Klimaveränderung wird unser Planet schlechter, die Folgen werden unten genannt. Aber die Menschheit würde trotz eines Zerfalls des Klimas überleben. Dass die Erde durch die starke Treibhaus-Erhitzung zu einer zweiten Venus werden könnte und alles Leben endet, gilt selbst unter den besten Ökologen mittlerweile als eher unwahrscheinlich. Denn die Erde sei viel weiter von der Sonne entfernt als die Sonne. Die Menschheit würde also überleben – natürlich nicht in der schönen Natur, wie sie vor zwei Jahrhunderten war und die auch wir leider unseren Kindern nicht hinterlassen können, sondern in sehr viel übleren Lebensbedingungen. Durch harte Arbeit und großen Einfallsreichtum könnte die Menschheit die Klimaprobleme zum Teil lösen. Klimaprobleme müssen z.B. simultan zum K.I.-Problem gelöst werden.

Klimawandel ist nicht wünschenswert, wir müssen sofort eingreifen. Sonst wird die Menschheit das Klima erstmal zertrümmern. Es kann dadurch zu gravierenden Folgen wie riesigen Hungersnöten, Wassermangel, Dürren, der Ausbreitung von Krankheiten, steigendem Meeresspiegel, dem Aussterben von Arten und Massenmigration führen. Durch die Zerstörung von Böden und Meer nimmt der Mensch z.B. Tieren die Überlebensgrundlage und auch sich selbst, denn der Ernährungskreislauf gerät ins Wanken und könnte „umfallen". Schlechte Lebensbedingungen führen zu Migration und Streit. Naturkatastrophen könnten ebenfalls ihren „Beitrag" dazu leisten.

Das Klimaproblem ist schon sehr greifbar, wenn man sich z.B. die Algenteppiche vor der Küste Mexikos, zunehmende Überschwemmungen an Küstenstädten u. v. m. anschaut.

6 % Neuartige Wesen
Eine neue Form könnte sich gegen den heutigen Menschen durchsetzen wie in der Evolution das Säugetier gegen die

Dinosaurier oder der Homo Sapiens gegen den Neandertaler. Der Mensch, wie wir ihn kennen, könnte dadurch komplett verschwinden.
Dieser Hauptgrund mag vielen seltsam erscheinen, da unglaublich.

16 % Maschinen

Maschinen werden exponentiell schlauer und würden garantiert irgendwann zur großen Bedrohung. Die Chance, dass Maschinen die Welt zerstören, nachdem sie sich vom Menschen abkapseln, ist gegeben. Werden Maschinen den Auslöser drücken? Werden Elefanten von Maschinen als Nutztiere missbraucht? Werden Maschinen ihre eigenen Eltern töten? Wohl nicht! Wahrscheinlicher ist es, dass, bevor dies passiert, die Welt auf einem anderen Weg stirbt. Viel wahrscheinlicher ist es auch, dass es nicht das Programm selbst ist, das irgendeinen Auslöser drückt, sondern der Mensch, der dieses Programm bedient. Selbst künstliche Hochintelligenz, die Milliarden mal besser ist als unsere heutige Software, wird dem Menschen eher als Hilfsmittel dienen, bevor ein Roboter selbst den Knopf betätigt. Letzteres kann aber durchaus sein.
Dass ein Roboter den Knopf drückt, könnte Wirklichkeit werden, da eine künstliche Intelligenz sich rasant entwickelt. Und in der Zeit, wenn der Mensch es - mit Galgenhumor gesagt – „verpasst", sich selbst zu vernichten. Wenn wir mit neuronalen Konnektoren mit dem Computer verbunden sind, was vielleicht schon bald soweit sein wird, wird die Kontrolle von den Bürgern sehr schwierig sein... Dazu kommt, dass auch Menschen vielleicht irgendwann auch Schwierigkeiten haben werden, die virtual reality von der realen Welt zu unterscheiden – was fatal sein kann.
Könnte eine künstliche Hochintzelligenz uns für überflüssig erklären?

Eine autonome K.I. ist auch extrem gefährlich. Dennoch ist noch nicht das Ende unserer Liste!

16% Länder-Nuklearwaffen

Die Ausrottung geschieht vielleicht auch durch Nuklearwaffen, die von Staaten gebaut werden. Die kommenden Generationen von Bomben könnte man mithilfe von Künstlicher Intelligenz entwickeln...

Immer mehr Länder arbeiten auch an Raketen und sind fähig, diese - oft in Hypschall-Geschwindigkeit - auf andere Länder abzufeuern. Wie soll man sich wehren, wenn 20 Marschflugkörper auf einmal kommen?

Wenn viele Atomwaffen auf einmal explodieren, würde auch ein nuklearer Winter kommen, der zu Kälteopfern und riesigen Ernteausfällen führt. Verfeindete Atommächte sind eine riesige Bedrohung. Besonders wenn diese Länder destabilisiert sind!

Eine drängende Frage ist: Wie verhindert man schon jetzt den dritten Weltkrieg?

23%* Eine selbstgebaute/private Bombe (auch mithilfe von K.I.)

*Es reicht eine!

Computer machen die Herstellung sehr einfach. Vielleicht wird sie von einem unter 18-Jährigen gebaut. Vielleicht wird sie auch von einer Terroristengruppe ausgelöst, oder einem staatlichen Atombombenbauer & -wissenschaftler, der sie halt alleine baut, einfach nur aus dem Grund, weil er Ahnung hat...

Eine einzige Bombe könnte eine Zerstörungskraft entwickeln, die die Erde wie durch einen riesigen Asteroidenschlag unbewohnbar macht. Auch mehrere Bomben aus selbstgebauter Hand könnten für den mehr oder weniger schnellen Untergang der Menschheit verantwortlich sein – denn diese können die ganze Oberfläche verwüsten. Die Zerstörungskraft von Bomben steigt.

Doch heute gibt es viele neue Chancen, eine Bombe selbst zu bauen. Und auch in naher Zukunft wird der Bürger mehr Chancen haben:

Das Konstruieren von Atomwaffen

oder anderer schwerer Waffen mithilfe einer K.I.
wird immer leichter, und die Welt wird nicht sicherer

18 % eine andere neuartige Waffe

Auch eine andere Waffe als eine Bombe könnte für die Auslöschung der Menschheit verantwortlich sein. Dazu gehören auch Waffen mit unbekannten oder nur wenigen Menschen bekannten zugänglichen Technologien: Und dazu gehören zuallererst unterschätzte biologische oder unterschätzte gentechnisch hergestellte Waffen – hoch entwickelte biol. Stoffe, die eingreifen oder töten – es könnte auch Waffen geben, die zerstörerische Wellen durch die Luft senden, oder welche, die die Atmosphäre, das Wetter oder die Erdkruste manipulieren, oder noch tiefer gehen. Tsunamis könnten von Menschen ausgelöst werden, Russland hat schon heute einen kleinen Torpedo dafür vorgestellt. Laser klingt nach Science Fiction, sie existieren jedoch schon.
EMP-Waffen oder Cyberwaffen könnten zudem elektrische Netze und wichtige Konstruktionen außer Gefecht setzen und die Menschheit in die Steinzeit katapultieren.

...

Was ist die größte Bedrohung für den Menschen? Der Mensch selbst!

Der Mensch muss sich schützen. Wir sehen: Nicht nur eine Gefahr muss bedacht werden. Es gibt viele Arten zu sterben. Umweltschutz? Geringeres Problem! Aber riesige Aufgabe! Beim Umweltschutz wissen wir in etwa, was dagegen zu tun wäre. Bei gefährlicher Technologie nicht – deswegen müssen wir hier die Frage stellen:

Wie können wir verhindern, dass alle Menschen von dieser Technologie betroffen werden?

Betonbunker? Wie kurzsichtig!

Ausgefeilte Regulierungen? Wie nutzlos!

Mini-Guns, die auf atomare fliegende Sprengköpfe zielen? Wie riskant!

Und Atombomben in Raketen? Wie erbärmlich! Um die Erde bzw. mehrere Länder auf einmal zu verwüsten, braucht man keine Raketen mehr.

Es sei denn, man verwendet sie, um Spionagesatelliten, Asteroiden oder Kometen zu vernichten o.m.... Sicher haben einige Länder schon Space-Atomraketen gebaut, die so schnell und nicht-linear fliegen, dass man sie nicht stoppen kann – Russlands „Yu-71" wurde z.B. schon vorgestellt. Eine Gefahr sind Überschallraketen, die einige Staaten bereits besitzen!

Wie stoppt man eine Weltraum-Rakete?

Wird die Welt absichtlich zerstört oder unabsichtlich?
Egal ob Bombe oder etwas anderes – vom Menschen Verursachtes wird die Menschenwelt zerstören! Und er wird wohl dabei sein. Vielleicht wird die Welt auch durch eine Kombination verschiedener Gefahren enden

Schwarze Löcher kann er vielleicht schon, ohne dass sie zerfallen, bald herstellen! Und zwar absichtlich! – Ionenwolken oder Hochfrequenzstrahlung, die aus dem All gefeuert wird, wären dagegen nur im großen Maßstab gefährlich.

Waffen, die das Ozonfeld zerstören – oder sogar Nano-Waffen, die man trilliardenfach reproduzieren kann – – auch Waffen aus der Gentechnik – und vor allem monströse Nuklear-Bomben sind hier schon wahrscheinlicher. – .... Obwohl die Waffen vielleicht ursprünglich nicht verwendet werden sollten, und obwohl ein ziviles Experiment wie ein riesiger Wettermanipulator oder eine atmosphärische Abkühlung keine Zerstörung beabsichtigte, könnte es trotzdem im Nu passieren. Denn diese Technologie ist da.

Zukünftige Technologie ist extrem gefährlich!
Das Problem ist, wenn der Mensch etwas kann, dann macht er es. Denn das hat man auch an der genetischen Veränderung eines Embryos in China gesehen.
Wer eine neue Bombe baut, will sie auch auf ihre Wirksamkeit testen.

Viele, fast alle Probleme der Menschheit wird man durch neue Chancen bald lösen können.

Doch der Fortschritt bringt neue Probleme. „Denuklearisierung" zwischen Ländern voranzutreiben bringt z.B. nur momentan etwas, da sie sich ausschließlich auf Staatsverträge konzentriert. Was bringt wirklich etwas? Atombunker bauen? „Atombunker" klingt alt. Bauen wir lieber richtige „Atombunker"! Atombunker sollten nicht nur Tunnelsysteme sein. Schutzmaßnahmen können im Weltraum installiert werden – oder an Landesgrenzen.

Was ist mit anderen Maßnahmen? Sind aktivere Gegenmaßnahmen von Nutzen, die große Explosionen eindämmen? Das ist kaum möglich! Wie wäre es mit Scannern, die kleinste Radioaktivität sofort entdecken können, wenn Material zentrifugiert wird? Schutzmaßnahmen werden wichtig. Wir müssen uns schon jetzt schützen für den Fall, dass der Schutzschild, den uns die Erde bietet, versagt!

Der heutige sogenannte „Umweltschutz" hat meist das Ziel zu verhindern, dass die Welt immer schlechter wird. Ein Schutz vor nuklearen Explosionen muss dagegen das Ziel haben, dass die Welt überhaupt existiert. Der Zugang zu gefährlicher Technik muss beschränkt werden! Doch wie?

Der Mensch hat es nun mal schwer: Es ist für die Menschheit schwer, sich selbst nicht in Gefahr zu bringen – egal ob durch Bomben oder Klimasünden. Doch wenn die Erde in Gefahr ist, versucht die Menschheit sie zu retten. Sie könnte dafür mehrere Methoden erwägen – u.a. auch neu gewonnene oder erfundene Technik, die dafür gedacht ist, die Welt zu retten. Doch Vorsicht! Durch den Rettungsversuch könnte die Welt zu Schaden kommen. Auch gutgemeinte Technologien können schaden.

Vorsicht: Technik

2018 wird das Jahr einer wieder einmal gescheiterten Klimakonferenz. Der Kohlendioxidausstoß ist so hoch wie nie. Die Meere sind voller Müll. Die Gletscher und der Nordpol und der Südpol schmelzen.

Doch es gibt auch Zeichen zur Hoffnung. Der technologische Fortschritt steigt rasant. Es gibt Pläne, die Menschheit in den Weltraum zu verlegen oder den Verkehr unter den Boden oder emissionsfrei in den Himmel. Es gibt Schätzungen für riesige Sonnensegel im Weltall, die Schatten spenden. Außerdem gibt es inzwischen so viele Elektroautos wie nie. Immer mehr Länder steigen, wo Deutschland einst der Vorreiter war, in die erneuerbaren Energien ein. So schnell wie Probleme entstehen, werden sie inzwischen gelöst. Auch Nachhaltigkeits- und die Viren- und Krebsforschung ist so weit wie noch nie. Und auch die Weltraumforschung! Die Menschen werden immer älter. Die Lebenserwartung wird weiter wohl exponentiell steigen. Die Menschheit hat Pläne, von der Erde auszusiedeln und sich eine zweite Basis im Weltall zu bauen. Vielleicht wird sie den Mars, Titan und in fern-naher Zukunft, 2200 auch mal Proxima Centauri erreichen, den nächstgelegenen Stern. Da Raketenkonstruktionen immer sicherer werden, könnte man den Atommüll irgendwann auch in die Sonne schießen.

Nur ein kleines Wort zum heutigen Problem:

Sind Klimaprobleme überhaupt wichtig? Klar! Klimaprobleme zu lösen ist generell sehr, sehr wichtig. Das ist keine Frage. Die Klimaproblematik liegt jedoch mittelfristig auf nicht alleine auf Platz 1 der zu lösenden Bedrohungen der Menschheit, und langfristig nicht mehr auf Platz 1. Denn es werden neue Probleme kommen, die schon jetzt gefährlich sind – dazu später. Trotzdem ist die Klimaproblematik zurzeit das akuteste aller Welt-Probleme und sollte Priorität sein. Wir leben auf einem Raumschiff – und es ist äußerst zerbrechlich, denn sein Schutzschild verliert Energie! Selbst wenn man die Klimaprobleme nicht konkret und nur über einen langen Zeitraum beweisen könnte, sollten wir vorsichtshalber dran arbeiten, dass das Klima lebenswert bleibt, unseren Kindern und deren Kindern zuliebe! Wichtig dabei ist, nicht zu denken, dass es die anderen schon machen werden. Wenn alle heftig an einem Strang ziehen, werden wir unter Anstrengung vielleicht bis 2100 die größten bisherigen Schwierigkeiten der Menschheit gelöst haben, außer die Eisschmelze und Müllbeseitigung in den Tiefen der Ozeane – das wird noch riesige Probleme geben. Vielleicht mit Plastik-auflösenden Chemikalien? Das ist nicht leicht.

Ansonsten gibt es wirklich Zeichen zur Hoffnung.

Doch ein Problem macht den Fortschritt der Menschheit auf mittelfristige Sicht zunichte – selbst wenn wir den Punkt ohne Wiederkehr der Umweltproblematik vorerst verhindert haben sollten. Es ist ein Problem, an das all die neuen philanthropischen Firmen noch nicht gedacht haben: Der Fortschritt selbst!

Doch wie kann der Fortschritt den Fortschritt zunichte machen? Ist Fortschritt nicht etwas Gutes?

Nun, durch die Technologien entstehen leider erst weitere Probleme. Die Erfindung, die dem Problem wohl am nächsten kommt, sind K.I.-Programme. Und 3D-Drucker. Aber wie das denn? Das sind doch nur klobige Maschinen? Ja klar, anfangs! Sie wurden nur von großen Firmen benutzt. Doch nun sind bereits einfache Drucker mittlerweile zwischen 100 und 130

Euro für jedermann zu haben. Mittlerweile können sie nicht nur Plastik drucken. Sie können auch Metall drucken, Glas, Lebensmittel u.v.m. Ja! Der Drucker spuckt Zucker in Kalkutta.
Ha! Das Problem: Bald wir es auch medizinische Drucker geben, die Organe oder Kleinstmoleküle drucken können. Und der Plan? Den muss man sich nur aus dem Netz besorgen. Da gibt es viel Illegales.

Lädt ein Whistleblower oder ein krimineller Hacker einmal einen gefährlichen Plan ins Internet, bleibt er für immer dort.

Dann explodiert es irgendwann. Und dann nochmal. Und wieder. Dadurch könnten die Weltmeere wirklich auch sehr schnell radioaktiv verseucht sein, durch Verteilung der Strahlung innerhalb von Tagen.

Die Explosionsgefahr gerät zum Problem Nummer 1. Es würde mit einem Mal viel mehr Umweltschmutz machen als der heutige Klima- bzw. Umweltschutz verhindern möchte – mit seinen vielen Maßnahmen wie CO2-Reduktion, Gewässerschutz usw.

Wir brauchen also nicht nur „Umwelt-Schutz". Wir brauchen ' Welt-Schutz '...

Wie sehen die bisherigen internationalen Versuche zur Verhinderung von Nuklearverbreitung aus?

Es gibt heutzutage kleinere Versuche wie z. B. die GICNT, die Global Initiative to Combat Nuclear Terrorism, die von Russland und den USA stammen. Diese hat u. a. eine

Arbeitsgruppe, um die Anzahl der staatlichen Atombomben beider Länder zu reduzieren, aber auch eine Arbeitsgruppe zum Thema „Nuclear Detection". Doch der große Maßstab? Fehlanzeige! Man sollte solchen Organisationen bzw. Abteilungen mehr Gelder aus Stiftungen oder von den Regierungen zukommen lassen und viele Länder einbeziehen, vor allem die Atommächte. Interpols CBRNE ist breiter aufgestellt, aber legt den Fokus immer noch zu eng. Diese sollte man ebenfalls vergrößern, und wenn nur die Anzahl Mitarbeiter. Die Drähte unter den wichtigen nuklearen Organisationen müssen ausgebaut werden. Ein atomares Aufwachen ist wichtig!! Denn die Rüstungskontrolle ist nicht auf ihrem Höhepunkt! Der NSS (Nuclear Security Summit) sollte öfter stattfinden und der Internationalen Atom Energie Behörde, in der die meisten Staaten sind, mehr Kraft gegeben werden. Die Internationale Strahlenschutzkommission muss mehr Bedeutung bekommen. Wir müssen unsere Anstrengungen verzehnfachen, sonst wird uns die nukleare Bedrohung überraschen. Denn sie wird rasant an Bedeutung gewinnen!
Niemand löst das Problem! Ein altes Problem kehrt zurück.

Die versteckte Gefahr

Vieles wird in Zukunft privatisiert. Es gibt dort, in der Zukunft, nicht nur private Eisenbahn-, Sicherheits- und Weltraumunternehmen. Es wird auch Privatisierung von Großen Reaktoren oder Erd- oder Weltraumfriedhöfen geben. Wie makaber das klingt!
Viele Firmen werden ein verdammt fachmännisches Niveau erreichen. Es geht da auch nicht um Kassettenrekorder. Es geht um Hochtechnologie.

Was wird als höchste Technologie angesehen? Zurzeit gibt es geheime Technik und Waffen, außerdem Teilchenbeschleuniger. Zusätzlich gelten Quantencomputer, Weltraumgefährte oder -Stationen und Fusionsreaktoren im Moment als das Nonplusultra. Irgendwann wird es noch bessere Rechner als Quantencomputer geben.

Die beiden heutigen Hauptkonzepte des Fusionsreaktors sind noch ungefährlich. Der Bau des nächsten großen Fusionsreaktors ist so teuer, dass sie sich nur der Staatenverbund leisten kann. Doch es gibt bereits private Fusionsreaktoren. Und öffentliche Weltraum-Institutionen wie die CSA (Zivile Weltraumagentur Kanada) sind schwerfällig – ausgenommen wenige Beispiele wie die ISRO in Indien. Private Unternehmen & Institutionen haben sie längst überholt. Private Technologie ist auf lange Sicht besser, günstiger & eleganter.

Wenn private Unternehmen die ESA überholen, was schafften sie dann mit nuklearen Waffen, wenn sie sie selbst bauen!

Die Entfesselung der Synthese

Viele Private wissen das und setzen deswegen auf die Zukunft. Es wird viel Geld in neue Technologien gesteckt und der Staat gewährt auch finanzielle Unterstützung. Wer Förderungen haben will, hat es heutzutage nicht schwer. Denn die Länder wollen mit den anderen konkurrieren. Viele Länder nehmen auch Schulden auf, um mithalten zu können. Viele Unternehmen auf der Welt investieren z.B. in die Herstellung von Quantencomputern, denn mit diesen lässt sich viel Geld machen.

Das Problem liegt im Bereich Schwere Waffen. Keine Maschinenpistolen. Keine Panzerfäuste. Drohnen-Waffen. Nukleare! ! Cyber! ! Das Problem ist der Fortschritt im Bereich Herstellung schwerer Waffen.

Ein Maschinengewehr ist keine große Herausforderung. In der Zukunft gibt es neue Waffen. Das Maschinengewehr wird wie ein Blasrohr sein und Raketen einfach wie der Pfeil & Bogen. Doch auch die Waffengesetze der Zukunft werden eine Kampfansage an den Gesetzgeber sein, denn: Neue Waffen erfordern neue Gesetze.

Es wird immer schneller neuartige Waffen geben. Eine wichtige Frage taucht auf. Wer kontrolliert Private? Wie stellt man sicher, dass sie sich daran halten? Die Waffen, die kommen werden, sind enorm unterschätzt.

Viele Waffengesetze wurden in der Geschichte der Menschheit gemacht. Schon die Römer hatten das Gesetz, dass Waffen nicht den Fluss Rubikon überschreiten dürfen, damit das Zivilleben geschützt war, doch Iulius Caesar hielt sich nicht daran und überquerte ihn. Als schwere Waffen wurden damals riesige Wurfgeräte angesehen. Schon damals, genauso wie heute wurden diese schweren Waffen für die Armee hergestellt.

Es wird heute für Private immer leichter. Und wenn ein Privater nicht nur eine, sondern hundert gefährliche Waffen herstellen kann, könnte es sehr schnell mit der Erde enden.

ENDE

Teil 2/3 Die Atomschwelle - Häufig zu stellende Fragen

Wieso explodiert die private Nuklearbombe?
Der Mensch muss alles ausprobieren. Das. Das. Das. Von der Veränderung der Genetik von Embryos bis hin zur Erforschung des tiefsten Punkts der Erde mit Ubooten. Aber Menschen sind nicht nur neugierig. Sie müssen ihre Grenzen überdies stets erweitern. Die Bombe ist der Menschheit neuer Turm von Babel! Steinzeitmenschen haben ihren Kindern Steine zum Spielen gegeben. Wir geben unseren Kindern Bomben, die ganze Länder zerstören können.
Der Mensch ist ein selbstzerstörerischer Entdecker, der sich selbst in Gefahr bringt – und wenig für seine Rettung tut
Wir müssen den Fortschritt in Waffen langsamer machen, auch wenn es schwierig ist!

Wer wird sie auslösen?

Ein Mensch wird sie auslösen – kein Computerprogramm, das sich auf der Erde an die Macht schwingt. Der Mensch wird den Auslöser drücken, mit dem Zeigefinger oder mithilfe von Programmen.

Können Medien helfen?

Wenn jemand im Privaten gefährliche Technologien herstellt, ist es schwer zu verhindern und nur ein kleiner Teil dieser Aktivitäten könnte u.U. an die Medien gelangen – wenn überhaupt.

Wie wird die erste private Bombe hergestellt?
Mit Drucken, technischen Plänen, die zugänglich sind, mit darauf ausgerichteten Maschinen, es ist jedoch nicht unbedingt Druck nötig. Oder der Plan wird mithilfe von K.I. kreiert!

Wir sprechen von Bombenversuchen, die eine große Sprengkraft ohne konservative Sprengstoffe zum Ziel haben.

Wo explodiert die Bombe?
Egal wo!

Wann?
In 20 Jahren könnte es soweit sein. Vielleicht sogar schon 2033!

Wie ausgereift wird sie sein?
Nicht ausgereift. Anfangs.

Wie groß wird ihre politische Wirkung sein?
Groß! Riesig!

Wie groß wird ihre Sprengwirkung sein?
Klein! Anfangs.

Die Rückkehr in den Ozean –
Das könnte ratsam sein, falls die Oberfläche zu verseucht für die Menschheit ist.

Was helfen da Riesenarmeen? Panzer? Truppen?
Nichts!

Was hilft die Besiedelung des Weltraums?
Das ist aussichtsreicher.

Was könnte im Weltraum besiedelt werden?
Monde, Planeten und Raumstationen wären zur Besiedlung hervorragend geeignet. Falls eine Raumstation, sollten es aber mehrere sein, um das Risiko zu minimieren! Viele Orte sind denkbar.

Noah wäre ein guter Name für eine Raumbasis oder -station

Was helfen Verträge?
Wenn es Technologien gibt, die sich ständig weiterentwickeln, ist es immer schwerer, sich mit Verträgen zu beschränken. Die USA werden im Jahr 2019 aus dem INF-Vertrag aussteigen. Bis dahin gab es immer wieder Gespräche über Abrüstung oder Ausstieg – bei allen Abrüstungsgesprächen – welches Land, das von den USA oder Russland angegriffen werden konnte, wollte nicht Atombomben haben?
Der Stopp der Atmosphärentests 1963 zwischen USA und Russland war, ja, der erste Hoffnungsschimmer der nuklearen Abrüstung überhaupt. Denn er appellierte an die Räson.
Es könnte leider Schlimmeres geben, als dass alle Länder Nuklearwaffen haben, solange sie sie unter Kontrolle haben. Die Menschen müssen üben, mit der Atombombe umzugehen. Sie wird nicht verschwinden. Denn wenn sie die Länder nicht besitzen, konstruiert sie ein anderer.
Egal welche Verträge da sind, und wie viel Staaten sie unterschrieben haben ... eine Bombe kann die Welt zerstören – irgendwann...

Was helfen Regulierungen?
Nicht viel. Und bei allem Respekt – Regulierungen sind für'n Arsch! Wenn einem das Feuer den Hintern wegbrennt, kann die Justiz ja auch nicht helfen, egal wie sehr respektiert sie werden will. Trotzdem sollte man an internationalen Atom-Organisationen und Verträgen festhalten, z.B. dem internationalen Atomwaffensperrvertrag.

Wird jedes Land Nuklearwaffen haben?
Theoretisch schon! Aber die Mehrzahl der Länder wird freiwillig auf Nuklearwaffen verzichten.

Welche Entwicklungsstufe von Bomben wird man erreichen?
Ob man zu Nano-Bomben kommen wird, bevor die Welt zerstört ist? Ha! Wohl schon. Doch dann nicht mehr lang. Und es wird auch sehr effiziente Nano-Drucker geben...
Schutzschilde am Körper würden wahrscheinlich eher nicht helfen. Wie bereits vorher mal betont, Gegenmaßnahmen sind sehr schwierig. Städte Schutzschilde wären sehr schwierig ... vielleicht geht es irgendwann doch einmal. Man könnte einen Schutz gegen Strahlung entwickeln. Doch gegen Explosionen?

Schild 1000xschwieriger als Offensivwaffe

Gewöhnen wir uns schon mal daran: Eine der späteren Generationen wird die Bombe treffen. Was können wir jetzt dagegen tun – den Schaden begrenzen?

Was tust du, Menschheit? Zerbricht die Zukunft vielleicht bald unter deinem Gewicht?
Ist gut denkbar!

Kann Technologie helfen?
Kinder, Privatpersonen und kleine zivile Einrichtungen werden Zugang zu fortschrittlicher Technologie haben. Technologie hilft der Menschheit dabei, ihre Probleme zu lösen. Doch Technologie zerstört auch. Man benötigt deswegen Schutzmaßnahmen, die nicht nur gegen eine militärische Nutzung zu gebrauchen sind, sondern z.B. auch gegen Fehler in der zivilen Nuklearforschung helfen!
Es gibt die sog. „Schwerindustrie". Dazu gehört z.B. die Eisen-, Bergbau und Stahlindustrie. Man könnte dann auch sagen, dass es die „Schwertechnologie" gibt. Technologie wird die Grundlage unseres Lebens. Technologie hebt den Menschen gen Himmel. Doch Technologie lastet auch schwer auf ihm.

Klimaschutz oder Nuklearprävention?
Beides kann man zugleich angehen.

Wann sollte man das Problem angehen?
Sofort! Heute geht es in Handlungs -Vorschlägen – sofern es
die Rettung der Menschheit betrifft – vor allem um Umwelt.
Natürlich ist jetzt erstmal Umweltschutz sehr wichtig, denn
man weiß nie, ob man das nukleare Problem, das eine viel
größere Gefahr ist, nicht doch noch irgendwann lösen wird!
Die Gefahr der „bürgerlichen Nukleargeräte" wird noch etwas
dauern.

Zerstören wird einfacher werden! Es mag ein Problem sein, das
noch weit entfernt scheint. Vielleicht ist es das auch. Das Blöde
ist, wenn einmal etwas Großes passiert ist, kann man schwer
sagen: Beim nächsten Mal machen wir es besser. Die Frage
wie wir uns schützen, wie wir entkommen, ist die drängendste
Frage der Welt.

Wer Ideen hat, sollte nicht zögern, diese preiszugeben.

Kinder oder Erwachsene – wer ist gefährlicher?
Vieles wird heute durch Roboter bzw. Programme gesteuert.
Die Menschheit darf diese Steuerung jedoch nicht auf
gefährliche Technologien ausbreiten – wie z.B. auf
Raketensilos.

Sonst könnte der selbst geschriebene Computervirus eines
Zehnjährigen unsere Welt vernichten, indem er eine Rakete
startet. Oder ein Zehnjähriger könnte einer trainierten K.I.
Befehle geben – der Zugriff muss geschützt werden. Oder eine
fehlerhafte Programmzeile könnte eine Bombe versehentlich
starten. Der Mensch muss die Kontrolle behalten.

I. Kinder
Nicht nur Roboter, sondern auch Kinder ab zehn Jahren werden bald sehr gefährlich sein. Hat das Kind Zugang zu einem Quantencomputer?

II. Erwachsene
Natürlich sind auch Erwachsene für unsere Welt gefährlich. Und Erwachsene sind meistens Nichtstuer. Und mit Nichtstuer sind die gemeint, die nichts tun, um die Welt und Heimat zu erhalten, und auch keine Schutzmaßnahmen entwickelt haben. Erwachsene sind sehr gefährlich.

III. Initiativen
Auf der anderen Seite gibt es auch Bewegungen, z.B. Bewegungen gegen die Anwendung von Gentechnik an Embryos, Bewegungen für Heimatschutz oder gegen den Klimawandel.

Wieso ist der Mensch so gefährlich?
Die Menschheit zerstört gern, was sie nicht kennt – Ozeane – Völker – den Himmel, alles, das ist leider so. Die Menschheit denkt nur ans Jetzt.

Die meisten Menschen werden Stubenhocker werden, wenn jeder mit einer winzigen, für jeden zugänglichen Menge Sprengstoff einen Zug hochjagen kann. Dadurch bekommt der Satz „This train terminates here" eine ganz neue Bedeutung.

Wem wird etwas passieren?
Arm, reich, jeder kann explodieren!

Kann es private Abrüstung geben?

Das ist schwer denkbar. Es lauert die Gefahr, dass Waffenwissenschaftler, die durch ihren Beruf bereits wissen, wie man mit staatlichen Mitteln Kampfgeräte baut, bald die Mittel haben werden, das auch ohne den Staat selbst zu machen.

Warum bekriegen sich Menschen?
Kriege wurden schon aus vielen Gründen begonnen: Verletzter Stolz, Glaubensfragen, das Streben nach Macht. Doch viele Menschen sehnen sich nach Frieden.

Warum?
Es gab genug Kriege. Viele Menschen suchen sogar nach Aliens. Vielleicht, weil Aliens – wie auch überlegene Roboter – die Menschen alle zusammen schweißen würden.

Warum sehen wir keine Aliens?
Weil die Aliens sich alle selbst ausgerottet haben könnten. Es gibt vielleicht eine bestimmte Stufe der Evolution, die Zivilisationen nicht überschreiten können. Das kann z.B. wegen einer bestimmten Erfindung sein, oder weil eine Schwelle, man könnte es "Atomschwelle" nennen, erreicht ist.

Was ist die Atomschwelle?
Es ist die Schwelle zur nuklearen Zugänglichkeit.

Wann endet die Welt?
Vielleicht kommen gerade Dokus im Fernsehen: „Die Welt im Jahr 2170". Doch wird der Großteil der Menschheit das Jahr 2170 überhaupt überlebt haben?
Die selbstgemachte Zerstörung der Menschheit könnte sehr viel näher sein als wir denken. Wie im vorherigen Teil schon angedeutet, die Frage ist nicht, ob die Welt stirbt, sondern wann sie stirbt – wir denken, es sei noch lange hin, doch

Irrtum, die erste größere Stufe des Untergangs der Menschheit könnte schon unsere Kinder betreffen. Wenn wir das lesen, ist das schockierend, aber mitunter realistisch. Verabschieden wir uns von unserem Wunschdenken. Sprengen wir es weg! Die zwei Bomben im zweiten Weltkrieg waren nur Windzüge. Wir befinden uns noch in der Ruhe vor dem wahren Sturm.

Wird es der Mensch verhindern können?
Um es zu verallgemeinern – Der Mensch behauptet von sich, dass er klug ist und über den Tieren steht. Es könnte sein, dass er dem gerecht wird.

Wo gibt es gute Politiker?
Menschen zu wählen, die sich in ihren Reden nur auf Umweltthemen beschränken, ist weniger ratsam als Menschen zu wählen, die sich mit den Technologien von Morgen wirklich auskennen. Ämter mit begrenzten Amtszeiten verleiten dazu, nur die nächsten vier Jahre zu betrachten. Ämter mit zu langen Amtszeiten verleiten zum Machtmissbrauch. Parteien müssen Weitsicht haben und auch das betrachtet, „was in 30 Jahren und mehr ist". Die Gründung einer Wissenschafts- und Zukunftsforschungspartei ist zu empfehlen. .
Doch das ist nicht genug! Einige Parteien prahlen gerne damit, dass sie danach handeln, was die Wissenschaft & Forschung sagt. Doch Forschung kann zerstörerisch sein. In „kleinerem" Maße sieht man das am Verbrennungsmotor.
Es wird irgendwann sicher den Moment geben, bei dem die Weltbevölkerung zum ersten Mal eine Volksabstimmung macht. In vielen Fragen könnten die gewählten Vertreter dadurch überstimmt werden. Viele Politiker sind leider von Eigennutz getrieben und nicht vom Willen des Volkes. Viele haben in der Vergangenheit leider auch für wirtschaftliche Interessen von Spendern gearbeitet.

Die Bombe wird immer leichter werden und Abkommen zu deren Verhinderung immer schwieriger. Dafür zu zahlen, dass ein Land keine Atomwaffen baut, verzögert die Existenz von Atomwaffen nur momentan. Politiker dürfen sich nicht nur aufs Quatschen beschränken... Es wird mehr private Kriege geben als heute – und damit ist nicht der politsche Level gemeint.

Was, wenn wir zu spät sind? Dann wird es heißen: Wir werden sterben, bevor wir gelernt haben, den Frieden zu sichern. Bisher war das die Aufgabe der Politiker. Doch Politiker sollten sich Hintergrundwissen aneignen!

Es kommt jedoch nicht nur auf Wissen, sondern viel auch den Charakter an. Kann man den dritten Weltkrieg verhindern, indem man besonders friedliche Vertreter wählt? Wie können wir den Frieden bewerkstelligen?

Die erste Bombe

Das Wort „Bombe" kommt vom altgriechischen „βομβος (bombos)", das „Sausen" heißt. Die erste Bombe hat der Mensch wahrscheinlich nicht zur Verteidigung gebaut. Es gibt Defensivwaffen. Und es gibt Offensivwaffen. Eine Bombe ist da, um etwas oder jemanden zu zerstören.

Die frühesten Versuche mit Sprengstoff reichen ins alte China. Im 9. Jahrhundert wurde es entdeckt (Kohle, Salpeter und Schwefel).

Mittelalter und Industrialisierung

Die frühesten Versuche mit der Bombe stammen wahrscheinlich ebenfalls aus dem 9. oder 10. Jahrhundert. Es handelte sich um Hüllen aus Naturmaterialien wie z.B. Bambus und wahrscheinlich auch Stoff und Bronze. Schwarzpulver in Bambusrohren glich jedoch eher einem Flammenwerfer. Später erst wurde Gusseisen verwendet. Genauso wichtig wie die Schale war die Zündschnur, die entweder durch Zerstörung der Hülle mit dem Schießpulver reagierte oder durch Abbrennen diese zündete. In Europa wurde Schießpulver angeblich als erstes in der Belagerung Cividale 1331 von deutschen Rittern verwendet (Quelle 1), später nannte man es auch „Donnerkraut".

Die Verletzungen, die durch Bomben hervorgerufen wurden, waren oft gravierend. Durch die Hitze können üble Verbrennungen entstehen. Schockwellen können Menschen durch die Luft werfen sowie zu inneren Blutungen und Verrenkungen führen. Außerdem können Splitter Rüstungen durchschlagen und in den menschlichen Körper dringen. Schwere Ritterrüstungen, die zwar gut gegen Schwerthiebe geeignet waren, schützten ebenfalls nicht vollkommen gegen die neuen Waffen.

Erst nach den Bomben wurden Handfeuerwaffen erfunden. Erst verschossen sie nur Flammpfeile. Schließlich mündeten sie jedoch in größere Waffen wie Kanonen. Diese konnten Schiffswände und Burgen mit schmalen Wänden vernichten. Zuvor waren Burgen schwer einzunehmende Steinfestungen. Tatsächlich wurden Bomben aber schon früh zur Verteidigung von Burgen verwendet. Doch mit dem Aufkommen der Kanonen mussten auch die Wände der Burgen dicker werden. Die allermeisten Burgen überlebten das nicht.

Später wurde Schießpulver von höher entwickelten Sprengstoffen wie
Nitroglyzerin (1847)
TNT (1863) – also Trinitrotoluol
Dynamit (1869) – das griechische „dynamis" heißt „Kraft"
oder Nitropenta (1894)

ersetzt.
Die Bomben wurden immer stärker.

Weltkriege

Mit der Detonation der ersten Atombombe am 16. Juli 1945 wurde die erste Kernwaffe getestet. Dass durch nur zwei Bomben ein Weltkrieg beendet werden kann, ist eine bedrohliche Einsicht. Diese wurden in der Luft gezündet, um einen stärkeren Radius zu haben.
Die stärkste getestete Nuklearwasserbombe war vielleicht 65 Kubikmeter groß. Ein TNT-Würfel von der gleichen Sprengkraft wäre 36.264.691 Kubikmeter groß. Nur Vakuumwaffen, bei der Sprengstoff in der Luft großflächig verteilt und dann thermobarisch explodieren, kommen noch an die Sprengkraft von Kernwaffen heran.

Wenn die Erbauer der Atombombe das gewusst hätten! Doch bald schon könnte die Kernwaffe das Mysteriöse verlieren.

Das Blöde ist nun ebenfalls: Man weiß nicht, was nach Kernwaffen kommt. Vielleicht erlebt man es auch gar nicht mehr.

Kalter Krieg, 21. Jahrhundert

Im kalten Krieg wurden Atombomben als Abschreckung benutzt. Die Feuerblase einer Atombombe kann etwa 300.000 Grad Celsius heiß sein. Die sich schnell ausbreitende Explosion gibt Strahlung ab und frisst alles auf – Tier, Gras, Mensch und Menschen-Gemachtes! Wer nicht durch die unerhörte Hitze stirbt, stirbt durch die Strahlung. Durch die Strahlung wird beschädigtes Erbgut weitergegeben, auch bei Enkeln von Betroffenen fand man Auswirkungen der

Strahlung. 2018 gab es über 14000 Atomwaffen auf der Welt. Doch es gab bereits Länder, die darauf verzichteten. Südafrika ist das einzige vorbildliche Land, das freiwillig alle Atombomben abgegeben hat, doch genau weiß der Bürger gar nicht, wer alles Atombomben hat. Außerdem gelten zahlreiche Nuklearwaffen als vermisst – manche sprechen von etwa 50 (2018) – doch genau weiß es keiner. Die Menschen fragen sich, wie man so sorglos damit sein kann.

Neue Explosionsstoffe lassen sich z.B. zum Sprengen von Gestein verwenden, in Minen, Torpedos, Flugzeug- oder Wasserbomben. Der Kanal von Korinth z.B., dessen Grabung seit kurz nach Christus unmöglich schien, wurde mit Dynamit innerhalb von zwei Jahren ausgebombt.

1914 bis 1918 wurde erstmals bergeweise TNT in Kriegsgerät verwendet.

In der heutigen Zeit gibt es ebenfalls improvisierte Sprengkörper, die Laien in Kriegen herstellen, z.B. im Syrienkrieg seit 2011.

Die Bombe wird auch in 40 Jahren eine der schlimmsten Erfindungen der Menschheit sein.

Letztendlich wird aber kein Land mehr Atomwaffen bauen, die 3000 Megatonnen überschreiten. Denn sie werden so gefährlich werden, dass sie am Schluss den, der sie abschießt, indirekt ebenfalls treffen werden. Es ist wie beim Klima – man würde gemeinsam untergehen. Man muss gemeinsam daran arbeiten, dass es nicht passiert. Doch der gefährliche Akteur sind nicht die Länder. Es sind Bürger.

Das Interessante ist, viele Staaten wären zum Bau der Atombombe fähig. Auch Deutschland. Sie tun es nur nicht. Doch viele Staaten schon. Zurzeit wird auch an Konzepten für kleinere Atomkraftwerke gearbeitet, in denen gefährliches Plutonium produziert wird. Das Wissen um Anreicherung ist gesellschaftsfähig.

Mehr Staaten als heute werden in Zukunft Atomwaffen haben und zum „Gleichgewicht des Schreckens" beitragen. Die Gesamtzahl der Atomwaffen bzw. Sprengköpfe wird sinken. Doch die Sprengköpfe werden auch stärker.

Das Gleichgewicht des Schreckens hat auch etwas Gutes, denn niemand greift niemanden an...
Die Sprachrohre großer Religionen haben bekräftigt, dass Länder die Atomwaffen nicht benutzen sollen. Die Länder werden sich wahrscheinlich daran halten.

Hoffentlich!

Die gedruckte Atombombe

Man kann jedoch klar sagen:
Eine gedruckte Bombe könnte die Welt verändern. Heute ist eine gedruckte Atombombe noch nicht machbar, aber irgendwann nun mal schon. Natürlich ist nicht unbedingt ein Drucker notwendig und vielleicht ist ein Drucker auch gar nicht angemessen. Auch mit anderen „feinen" Methoden lässt sich etwas Gefährliches herstellen – besonders wenn Pläne dafür im Netz auftauchen. Spätestens dann wird es heißen:

Die nukleare Gefahr schlägt zurück. Eigentlich war sie nie weg.

Der Schuss ins Blaue ist notwendig, wenn die rohen Statistiken der Gegenwart versagen. Ein Beispiel für ein Ereignis, das man bei einem bestimmten Stand der Gesellschaft nicht berechnen kann:

Ein Komet aus dem Nichts

Was Kometen bzw. Meteoriten angeht, wurden diese schon oft übersehen... der Carancas-Meteorit, der am 15. September 2007 in der Nähe des Dorfes Carancas in Peru einschlug, wurde weder zuvor entdeckt, noch war klar, dass ein so kleiner Meteorit den Eintritt in die Atmosphäre überleben würde. Anscheinend hat sein aerodynamisches Aussehen einen Teil dazu beigetragen. Das winzige Ding riss ein 15-Meter-Loch, ließ die Erde beben und es waren Blei- und Silbersplitter im Kraterloch zu finden.

Salz...
Es steht im Regal.

Sie weint. Eine Frau im Supermarkt greift danach.

„Soll ich das 60-Cent-Salz nehmen oder Qualität? Also 1,40 Euro? Lieber Qualität! Nur ein paar Cent mehr...“ Je mehr Salz sie zu sich nahm, desto mehr musste sie trinken. Also besorgte sie auch noch eine Wasserflasche...Auf das Salz verzichtete man nicht gerne.

Was ist heute Salz wert?

60 Cent im Angebot. Heute hat jeder Salz.

60 Cent im Angebot. Heute hat jeder Salz.

Teil 2/4 – Die Aufgabe

Die Aufgabe aller Atom-Organisationen und philanthropischen Firmen sollte es sein, ein Problem zu lösen, das keiner zuvor erwähnt hat: Wie verhindert man private nukleare Fehler – z.B. explodierende private Bomben – in der Zukunft? Wie verhindert man, dass stinknormale Private etwas mit Zukunftstechnologien bauen?

Eine Prise Risiko?

Manche Umweltforscher haben nur die Theorie im Blick und praktische Erfahrungen sind etwas im Hintertreffen. Andere Institutionen legen den falschen Fokus, wie viele Institute zur Zukunftsforschung, und bei all den Lösungsversuchen und aktuellen IN-Themen vergessen sie das Wichtigste. Viele sind eher an der Entwicklung der Gegenwart interessiert. Leider vertrauen ihnen auch Philantropen. Probleme wie die Umweltverschmutzung oder machtgeile Roboter werden jedenfalls wahrscheinlich nicht unsre Menschenwelt auslöschen, das ist Blödsinn! Die K.I. wird den Menschen übertreffen, ja! Eine technische Singularität wird irgendwann durchaus real werden und der Wandel der Umwelt könnte schwere Folgen haben, aber dadurch droht dem Menschen noch nicht so schnell die Vernichtung. Auch andere menschenverursachte Komplikationen wie eine starke Wirtschaftskrise oder eine Eiszeit werden wahrscheinlich nicht die Todesursache sein. Es werden wahrscheinlich selbstgebaute Bomben sein, oder hochentwickelte Staatsbomben. Anderes wird unsere Welt nur schlechter oder anders machen
– doch darum soll das sich hier nicht drehen. Bomben werden unsre Menschenwelt zerstören.

Natürlich gibt es noch viele aktuelle Probleme, die die Menschheit hat. Doch das gemeinsame Risiko aller Probleme steigt zurzeit.

Wer löst die Aufgabe?

Die Aufgabe können wir nur lösen, wenn wir zusammenarbeiten. Einzelne Menschen können auf keinen Fall eine Apokalypse verhindern. Außerdem ist immer die Gefahr des Machtmissbrauchs vorhanden. Koalitionen sind vonnöten. Länder müssen terroristische Aktivitäten unbedingt verborgen halten und sich den größten Gefahren der Zukunft jetzt schon stellen.

Was wir jedoch gelernt haben: Politiker können diese Aufgabe meistern, aber viel besser ist es, wenn auch Wissenschaftler mitarbeiten!

Teil 3 – Die private Atombombe

Obwohl Weltrettungsfirmen & Philantropen wie Bambus aus der Erde sprießen, dachte bisher leider kein Mensch daran, wie leicht es für normale Leute und Unternehmen später sein wird, mit fortgeschrittener Technik und neuem Wissen sehr Gefährliches zu bauen. Die Aufgabe bzw. die neue Aufgabe von Weltrettungsfirmen oder -staaten sollte es sein, dieses Problem zu lösen – oder besser gesagt, diese Probleme! Vor allem ist die Frage, wie verhindert man Fehler, die mit Atomforschung oder -waffen gemacht werden – zum Beispiel durch private Bomben, die versehentlich oder absichtlich zur Explosion gebracht werden...
Der Bürger holt sich einfach die Feuerkraft nach Hause. Also ins Private. Philanthropische Unternehmen & Staaten müssen verstehen, wie wichtig es ist, Atomwaffen und -Forschung im Auge zu behalten, ebenso wie die gefährliche intuitive & generative K.I.

Die wahre Gefahr

Weltrettungsorganisationen und die gängigsten Philantropen legen noch den falschen Fokus. Sie organisieren zwar viel, wissen, dass die Welt sterben könnte, aber schätzen falsch ein, woran die Welt stirbt und wie schnell dies passieren kann. Viel AIDS-Forschung. Viel Kometenbeobachtung. Viel für Umweltschutz. Viel gegen Bevölkerungswachstum. Was alles gut ist! Doch die wichtigste Problematik haben sie übersehen! Nämlich, dass Waffen später sehr leicht herzustellen sind.

Gegenmaßnahmen

Es muss eine große Radioaktivitätspolizei geben – egal ob sie öffentlich oder privat ist. Messstationen für biologische, chemische oder atomare Stoffe in der Luft werden eine hohe Bedeutung erlangen – zumindest um die Chance einer vorzeitigen Katastrophe zu verhindern.

Sensoren werden überaus, überaus wichtig werden.
Außerdem wird Hacking-Schutz wichtig. Welche Regierung kann noch Pläne einer fortschrittlichen gefährlichen Technologie geheim halten, wenn jedes Kind sich ein Hackingprogramm downloaden kann? Welche Regierung kann den Bau von schweren Waffen verhindern? Oder zum Beispiel ITWG (Nuclear Forensics International Technical Working Group)? Wohl sehr schwerlich!
Es wird bald eine schwere Zeit voller Waffen.
Jeder kann bald Materialien drucken. Jeder kann experimentieren.

Zurzeit beglückwünscht sich der Mensch selbst zur Schaffung verschiedenster Technologien. Doch die größten Gefahren kommen noch. Ob die Menschheit überlebt, weiß keiner. Die Zukunft ist versteckt.

Die zusätzliche Gefahr werden bürgerliche und staatliche Computer sein, die beim Waffendesign helfen.

Es müssen jedoch nicht unbedingt Bomben oder Drucker sein, von denen alleinig die Gefahr droht, sondern „der Zugang zu jedweder fortschrittlicher Technologie" für Jedermann.
Auch Killerdrohnen, die jeder herstellen kann, müssen vom Staat reglementiert werden! Und z.B. Nano-Roboter könnten zu Waffen gemacht werden. Die Wellen-Technik schreitet voran.

Der Mensch steht vor einem Abgrund. Seine eigene Schöpfung könnte sein Untergang sein. Der Abschuss von Hyperschall-Raketen ist heutzutage fast nicht möglich. Doch auch viele neuen Waffen werden entwickelt. Die Defensive, soviel ist klar, steht vor einer enormen Herausforderung!

In einer sich so schnell entwickelnden Welt darf man nicht kurzsichtig sein.

Es wird, allgemein gesagt, fortschrittliche Technologie sein. Sie wird uns töten, wenn wir nichts unternehmen – aber eher private als staatliche Technologie! Das Ist Unkontrollierbar! Die Zivilbevölkerung hat Zugang!
Wer konnte früher Geld drucken? Nur Staaten hatten die Technologie! Und heute? Heute hat jeder einen Drucker.

Jeder hat bald eine Fabrik zuhause...

Wenn jemand zuhause Waffen herstellen kann, können Regierungen wenig machen.

Die „gedruckte" Atombombe (2)

Eine derartige Bombe könnte irgendwann auftreten. Eine hohe Stückzahl wäre erreichbar – automatisierte A-Bomben. Pläne könnten ins Netz gelangen – eine gefährliche Bedrohung....

Eins ist jedoch klar, egal ob die Bombe hergestellt wird oder sonst wie –
Die private Bombe könnte die Welt verändern.

Teil 3/2 – Wie entkommen

Es ist schwer zu entkommen. Doch die Menschheit kann es schaffen. Es gibt einige „Rettungen".

Was in den bisherigen Teilen vorgestellt wurde:

- Schutzbunker
- Explosionseindämmung nur bedingt
- Besiedelung der Erdschichten, des Ozeans
- Raumstationen, Planeten

Kurz gesagt, die Menschheit muss von ihrer gewohnten Oberfläche verschwinden! Erde, Wasser, Luft, alles muss sie nutzen! Wir könnten tief unter die Erde und künstliches Sonnenlicht machen. Oder wir könnten hoch in den Himmel – und in Raumstationen wohnen. Ab in den Weltraum – die Zeit drängt! Immer mehr Länder schaffen es, auf dem Mond zu landen. Aber egal welchen Weg sie auch einschlägt – Die Menschheit muss sich weiterentwickeln.

Um zu entkommen, sollte man zudem die Ressourcen vieler Länder bündeln! Denn Methoden, um von der Oberfläche zu verschwinden bzw. zu evakuieren, können teuer sein. Sie können bis in die Billiarden und mehr gehen. Es ist wichtig, dass es auch private Firmen gibt, die dies zu bewerkstelligen versuchen, denn Politiker alleine sind oft träge.

Doch am Ende wird sich alles zum Guten wenden – wenn wir zusammenarbeiten! Die Welt wächst zusammen. Es gibt Zusammenarbeit auf vielem Gebiet. Wenn viele an etwas Großem arbeiten, ist es wie damals beim Bau der Sagrada Familia oder der Cheops-Pyramide.

Wenn man jetzt schon vorsorgt und Essenslager errichtet und das globale Samenlager am Laufen hält, ist dies schon ein guter Anfang. Doch wir müssen viel mehr tun. „Wie stirbt die Welt" ist nicht besonders optimistisch. Doch vielleicht finden wir einen Weg zu überleben.

- Detektoren

Eine andere Möglichkeit wäre es, jedes verkaufte Gerät zu überprüfen, ob es gefährliche Stoffe herstellen kann. Geräte lassen sich leicht umbauen...

Man wird es nicht verhindern können...

- K.I.-Schutz

Eine machtvolle K.I. sollte nicht in falschen Hände geraten

- Internationale Spurensuche

Der Schwarzmarkt bietet viele Chancen, gefährliche Materialien zu erstehen.

Teil 3/3 – Das Höllenfeuer entzündet

Tu nichts, Mensche! Und du wirst sterben!

Die Apokalypse zu verhindern ist nicht einfach. Um es deutlich zu sagen: Wenn es nicht klappt, stirbt die Menschheit.
Unsere Nachfahren, falls es dann noch welche gibt, werden das Leben wie einen „Endzeitfilm" genießen. Bröselnde Gebäude, Sauerstoff wird künstlich erzeugt... Es wird nicht mehr schön zu Leben sein.
Die Luft anders. Der Boden ist anders. Und die Welt.Es könnte zur Anarchie kommen. Und es könnte nur noch wenige Menschen geben. Alles, was die Menschheit bisher in der Politik erreicht, ist zerstört... die alte Gesellschaftsordnung wird vorbei sein.
Denn die Menschen brauchen keine Aliens, um vernichtet zu werden. Die Menschheit hat sich bereits die Pulsadern geritzt.

Viele Menschen glauben an ein göttliches Wesen. Da stellt sich die Frage, ob dieses zulassen wird, dass wir uns auslöschen...

Es könnte sein, dass, wenn die Auslöschung der Menschheit geschieht, manche Menschen bereits auf einem anderen Planeten des Sonnensystems leben und andere unter der Oberfläche der Erde. Die beiden Gesellschaften würden sich dann unterschiedlich entwickeln....

Irgendwann stirbt die Erde. Sie stirbt spätestens wenn die Sonne stirbt – da sind die Ozeane schon längst verglüht – , d.h., die Menschheit muss sich irgendwann um eine andere Lösung als die Erde bemühen. Wie man überlebt, ist eine der wichtigsten Aufgaben der Menschheit. Denn sonst hatten Millionen von Generationen umsonst Sex.

Das Leben, wie es der Homo Sapiens Hunderttausende von Jahre geführt hat, ist in Gefahr.

Die Wette, dass die Menschheit sich dagegen selbst größtenteils auslöscht, liegt geschätzt bei 20-1. Wenn die Menschheit aber überlebt, steht ihr eine unvorstellbar große Zukunft bevor.

Wenn die Realität unglaublicher wird als seine Träume, wird der Mensch gerne nicht mehr schlafen.

Es könnte wie im Erwachsenenmärchen sein. Zu einem guten Erwachsenen-Märchen gehört mindestens 1 Mord, 1 Stelldichein & eben auch Happy End.

Quelle 1: Kenneth, Chase. Fire arms, a global history to 1700: Cambridge University Press, 2003, S. 59

Reinhart Heißler – ausgesuchte Aussagen.

2018/8 Wem gehören Länder? Menschen! Wem gehören
Menschen? Der Luft! Wem gehört die Luft? Keinem!
2017/12 Wir sollten den #Aufwachen-Tag für Umweltschutz
einführen. #weakup
2017/6 „Die primäre Leistung des Klimaabkommens war es
nicht, die Temperatur zu senken, sondern zu beweisen:Die
Menschheit gehört zusammen, ist eins"
2016/4 Die Nuke für Zuhause. Über kurz oder lang wird nicht
nur jedes Land Nuklearwaffen haben, sondern jedermann. ...
2016/1 Ja, unsere Welt ist zart und zerbrechlich wie
Schokolade.
2016/1 Irgendwann werden die Menschen den Mond
anschubsen. Das ist sicher.
2015/11 Men will kill the world

www.ingramcontent.com/pod-product-compliance
Lightning Source LLC
Chambersburg PA
CBHW071026260726
48662CB00024B/2110